लकड़बग्घे : शहर में

डॉ. विक्रम सिंह

वाणी प्रकाशन
21-ए, दरियागंज, नयी दिल्ली-110002
द्वारा प्रकाशित

द्वितीय संस्करण : 2001

मूल्य : 125.00 रुपये

शुभम ऑफ़सेट, दिल्ली-110032
द्वारा मुद्रित

LAKKARBAGGHE SHAHAR MEN
By Vikram Singh

बेहतर समाज की
परिकल्पना से जुड़े
हर व्यक्ति को, जिसने
नए समाज निर्माण के लिए
अपने योगदान की एक ईंट
भी रखी

प्रस्तुत है मेरा दूसरा प्रकाशित कविता संग्रह 'लकड़बग्घे : शहर में' ताकि लकड़बग्घे शहर में काबिज न हो पायें। मैंने आपकी घुटन और ऊब इसमें भरकर प्रयास किया है कि आपके योग्य बना सकूँ। आशा है आपका स्नेह अवश्य मिलेगा। आगे आपकी मर्जी.........।

विक्रम सिंह

शुभाशंसा

डॉ. विक्रम सिंह का दूसरा कविता संग्रह 'लकड़बग्घे : शहर में' हिन्दी कविता की धरती पर कवि का दूसरा कदम है जिससे प्रमाणित होता है कि अब कविता लिखना उनके लिए कोई शौकिया काम नहीं, बल्कि जीवन-अस्तित्व का अभिन्न अंग है। इन कविताओं के 'आमने-सामने' होते ही पूर्वाभास हो जाता है कि कवि की तीव्र चिन्ता के पीछे गम्भीर चिन्तन है। 'मानव महात्म्य' शीर्षक कविता में कवि ने स्पष्ट शब्दों में कहा है कि–

"मिथक भी मिथ्या नहीं
सत्याधारित होना चाहिए
तत्व चिन्तन में अब
श्रद्धा नहीं, मेधा चाहिए।"

इस मेधा ने ही कवि की दृष्टि को वह तीखी धार दी है जिससे 'ताजमहल' एकदम नये रूप में दिखाई पड़ता है। 'वह अपने अन्दर छिपे जख्मों से खबरदार हो जाता है' और 'अपराध बोध से पीला पड़ जाता है' फिर

"दिला जाता है याद
उन फड़कते हाथों की
किया था गुनाह
जिन्होंने इसे तराशने का।"

कहना न होगा कि विक्रम सिंह इन गुनहगार मेहनतकश लोगों के साथ खड़े हैं और उनके लिए सामाजिक न्याय की माँग कर रहे हैं–'माँग' नहीं बल्कि शब्दों के हथियार से संघर्ष कर रहे हैं।

शहर के अन्देशे से वे दुबले जरूर दिखते हैं, लेकिन 'जड़ें' कविता से जाहिर है कि उनकी जड़ें अब भी गाँव में ही हैं और वहीं से वे जिन्दगी का रस खींचते रहते हैं।

'परिवर्तन से बेखबर, जो अन्दर बैठे हैं' उन्हें ये कविताएँ खतरनाक लग सकती हैं, लेकिन सच इतना ही है कि ये कविताएँ सिर्फ आने वाले खतरे से आगाह करती हैं। इसे दुस्साहस भी कहा जा सकता है, लेकिन ऐसे साहस के लिए क्या विक्रम सिंह दाद पाने के हकदार नहीं?

नई दिल्ली **–नामवर सिंह**

बेहतर दुनिया की रचना का विश्वास दिलाती कविताएँ

'लकड़बग्घे : शहर में' डॉ. विक्रम सिंह का दूसरा काव्य संग्रह है। पहले संग्रह की तरह इस संग्रह में भी मूल्य चिन्ता और मानवीय भाव की केन्द्रीयता लक्षित होती है। कविताएँ चाहे अनगढ़ हों या सुगढ़, उनकी वस्तु मूल्यवान है। वह मनुष्य की बेहतरी की चिन्ता से बनी है। कवि अपने समय में खड़ा होकर उसके चरित्र को पहचानने की कोशिश करता है। उसकी चिन्ता है कि मनुष्य अनेक जर्जर रूढ़ियों और अमानवीय शोषक प्रवृत्तियों को त्याग कर एक ऐसा संवेदनशील और नवचेतना सम्पन्न लोक रचे जिसमें तमाम अभिशप्त और पीड़ित लोगों को भी मनुष्य की तरह जीने का अवसर प्राप्त हो। कवि जानता है कि संवेदनशील और मूल्यधर्मी लोक की रचना आसान नहीं है, अनेक अपशक्तियाँ धर्म, संस्कृति, न्याय और सत्य का मुखौटा पहने संवेदनाओं और मूल्यों का रक्त चूस रही हैं। कवि इन्हें पहचानता है और जानता है कि इनकी असली पहचान कराये बिना और इनका सक्रिय प्रतिरोध किये बिना सुन्दर नवनिर्माण नहीं हो सकता।

इस संग्रह की कविताएँ अपनी अभिव्यक्तिगत शक्तियों और अशक्तियों के साथ इन्हीं कथ्य भूमियों से गुजरती हैं और कुल मिलाकर पाठक पर अपनी मानवीय मूल्यवत्ता और संवेदनात्मक छटपटाहट का प्रभाव छोड़ जाती हैं। 'संक्रमण', 'नवजात शिशु', 'मानव महात्म्य', 'नील गाय' और अन्य अनेक कविताएँ अपनी-अपनी तरह से कवि के अनुभूत यथार्थ और मानवीय चिन्ता से गुजरती हैं और अहसास दिलाती हैं कि इस कठिन समय में जीता हुआ भी कवि एक बेहतर दुनिया की रचना का विश्वास लिये चल रहा है और अपनी जड़ों के साथ उसका गहरा जुड़ाव बचा हुआ है।

आशा है कवि अपने कथ्य को कविता में प्रभावशाली ढंग से रूपान्तरित करने की कला का निरन्तर विकास करेगा।

-रामदरश मिश्र

प्रयोजनशील कविता संग्रह

डॉ. विक्रम सिंह का कविता संग्रह 'लकड़बग्घे : शहर में' समसामयिक भारतीय परिवेश, विभिन्न राजनीतिक विडम्बनाओं तथा आज के मनुष्य की स्वार्थलिप्सा आदि पर सार्थक व्यंगोक्ति प्रस्तुत करता है। आज के समाज के विघटन तथा पारस्परिक प्रतिद्वंद्विता के कारण मानवीय संकट से साक्षात्कार इन कविताओं में है। यह निश्छल काव्य मन के प्रतिवेदन हैं।

इन कविताओं में मात्र वर्तमान स्थितियाँ ही नहीं हैं उनसे उबरने तथा रूबरू होने के भी स्पष्ट संकेत मिलते हैं। कहीं प्रगतिशील चेतना परिव्याप्त है, कहीं उन विसंगतियों से परित्राण के लिए प्रयास करने के संकेत भी हैं। निश्चय ही इधर लिखी जा रही कविताओं से पृथक् एक प्रयोजनशील कविता का संकलन इसे कह सकते हैं। कवि का एक उद्देश्य है, एक संदेश जिसे वह अपने काव्य के माध्यम से प्रयोजनीय बनाता है।

'लकड़बग्घे : शहर में' की कई कविताएँ हमें आशान्वित करती हैं और मुझे विश्वास है कि कवि विक्रम सिंह का कवि व्यक्तित्व इस संग्रह से काव्य जगत में समादृत भी होगा और उनकी एक पहचान भी बनेगी। मैं उनसे और भी प्रांजल और सोद्देश्य कृतियों की अपेक्षा करता हूँ।

-जगदीश चतुर्वेदी

अमानवीयकरण के हादसे का प्रतिवाद करती कविताएँ

डॉ. वेदप्रकाश अमिताभ

महाकवि दिनकर ने कभी बहुत चिंता के साथ लिखा था–'पूँछ झरी रोमांत झरे/पशुता का झरना बाकी है। बाहर-बाहर तन सँवर चुका/मन अभी सँवरना बाकी है।' दिनकर की चिंता थी कि अपनी जययात्रा के परवर्ती क्षणों में भी मनुष्य पशुता से पिंड नहीं छुड़ा पाया है। लेकिन 'काफ्ता', जार्ज आरवेल आदि साहित्यकार शुरू से मनुष्य के पशुता की ओर लौटने या उसके पशु में रूपान्तरण की विभीषिका के प्रति सचेत करते आये हैं। काफ्ता कृत 'मेटामार्फोसिस' और जार्ज आरवेल कृत 'एनीमल फार्म' जैसी कृतियाँ गवाह हैं कि महायुद्धोत्तर परिवेश में 'अमानवीयकरण' एक हादसा बन रहा था और सम्पूर्ण मानव-समाज मानवीय मूल्यों के विघटन की त्रासदी को भुगतने के लिए अभिशप्त हो रहा था। तब से आज तक अनेक कारणों से स्थितियाँ बदतर हुई हैं और अवमूल्यों का प्रसार हुआ है। विक्रम सिंह की दूसरी काव्यकृति 'लकड़बग्घे : शहर में' में इस नकारात्मक बदलाव की विडम्बना केन्द्र में है। संग्रह की भूमिका 'आमने-सामने' में उन्होंने बहुत दुख के साथ मौजूदा परिवेश में 'थॉमस हॉब्स' की 'भेड़ियों का समाज' की अवधारणा को साकार होते देखा है। वंशवाद, भ्रष्टाचार, पक्षपात, सत्ता हथियाने की परम्परा और कानून व्यवस्था के दुरुपयोग के चलते आज वे विसंगतियाँ जन्मी हैं, जो किसी भी संवेदनशील कवि के लिए चिंताजनक हैं। विक्रम सिंह का कवि न केवल इन कुरूपताओं से टकराता है, अपितु उनमें सुधार और सकारात्मक बदलाव

जागरूकता और प्रतिबद्धता का सुबूत भी देता है।

'संक्रमण', 'मानव महात्म्य', 'नीलगाय', 'बुलबुला', 'सहअस्तित्व', 'नियति', 'अपर्दन' आदि कविताओं में 'चाहिए' क्रियापद बार-बार आया है। इससे पता चलता है कि अमानवीयकरण को बढ़ावा देने वाली व्यवस्था में जिन परिवर्तनों-सुधारों की जरूरत है, उनका खाका कविमन में स्पष्ट है। 'फॉग लाइट' कविता में साफ तौर पर करुणा, दया, उपकार आदि के सूखने के पीछे 'व्यवस्था' को दोषी पाया गया है–ये बात व्यवस्था से/जुड़ जाती/करुणा, कैसे है सूख गयी/ये बार-बार/सबको बतलाती।' यह देखना अस्वाभाविक न होगा कि 'चाहिए' के अन्तर्गत कवि की अपेक्षाएँ कौन-सी हैं–

(1) 'मियाद जिन रुढ़ियों की/पूरी हो गयी हो/उन्हें त्याग देना चाहिए'
(2) 'फसलों से निगाह अब/नीलगायों को हटा लेनी चाहिए'
(3) 'परलोक की बजाय अब/भूलोक पर आ जाना चाहिए'
(4) 'शेरों को भी अब हवा का रुख/समझ लेना चाहिए'
(5) 'एकता और अखंडता मजबूत हो जिससे/वही गीत गाया जाना चाहिए'
(6) 'समाज में समरसता के लिए/संस्कारों की बजाय साधनों पर आ जाना चाहिए'

इन सभी उद्धरणों से कवि की प्रगतिशील सोच और सकारात्मक जीवनदृष्टि का पता चलता है। रूढ़ि-विरोध, शोषण-मुक्ति, पारलौकिकता के बजाय ठोस यथार्थ की पहचान, एकता-अखंडता, समरसता आदि की पक्षधरता इन कविताओं को एक तरह की वैचारिक दीप्ति प्रदान करती है। जिस परिवेश में लोग गौतम-गाँधी को भूल चुके हैं, वहाँ संवेदनशीलता की पुनर्प्रतिष्ठा विक्रमसिंह को अभीष्ट है। उनकी एक महत्त्वपूर्ण स्थापना है कि जहाँ नागरिक का राष्ट्र के प्रति कोई दायित्व है, वहीं राष्ट्र को भी अपने नागरिक की सुध लेनी चाहिए। 'संकल्प', 'श्रमेव जयते' आदि कविताओं में दलितों, उपेक्षितों, वंचितों की पक्षधरता अत्यंत मुखर है। सामाजिक न्याय दिलाने की जरूरत की अभिव्यक्ति कई कविताओं में

असरदार रूप में है। 'न्याय' कविता में 'जन्म', 'श्वेत श्रेष्ठता' आदि रूढ़ अवधारणाओं को चुनौती देते हुए कहा गया है–'मानवप्रतिष्ठा के लिए न्याय जरूरी है।' अन्यत्र भी माँग है कि 'न्याय से वंचितों/को भी अब/न्याय दिलाया/जाना चाहिए।" जाहिर है, विक्रम सिंह की काव्यसृष्टि सोद्देश्य और परिवर्तन कामी है।

विक्रम सिंह की कविताएँ आमतौर पर विचार-केन्द्रित हैं, लेकिन अभिव्यक्ति को आकर्षक बनाने के लिए वे मिथकों, आख्यानों, ऐतिहासिक स्थलों-चरित्रों का कुशलतापूर्वक उपयोग कर सके हैं। प्रेमचंद की कहानी पूस की रात के 'जबरा' और 'हल्कू', महाभारत के कर्ण, यूनानी दार्शनिक थ्रेसीमेकस और अरस्तू आदि की उपस्थिति में वर्तमान का संदर्भ और अर्थ-सघन हो गया है। वैसे कुछ कविताओं में कथन-स्फीति है लेकिन संप्रेषण की कसौटी पर अधिकतर कविताएँ न केवल गंभीर अपितु सामान्य पाठक के लिए भी ग्राह्य हैं। कथन भंगिमा के वैशिष्ट्य के लिहाज से 'सरसों के फूल,' 'शांतिदूत' और 'अल्ट्रासाउंड' आदि कविताएँ उल्लेखनीय हैं। विक्रम सिंह कलावादी रुझान के रचनाकार नहीं हैं, उनकी कविताएँ उनके जनधर्मी कथ्य, वैचारिक गंभीरता और सहज अभिव्यक्ति के लिए जानी जाएँगी। पहले कविता संग्रह–'प्रिंटिंग मिस्टेक' पर उन्हें विजयदेवनारायण साही काव्य पुरस्कार मिला था। उनका यह दूसरा काव्य-संग्रह भी निश्चय ही पढ़ा और सराहा जायेगा।

आमने-सामने

संसार आज एक बहुत बड़े मानवीय संकट से गुजर रहा है, इसी संकट के चलते मानवीय विश्लेषणों की आवश्यकता हुई। परिणामतः बृहद (MACRO) एवं सूक्ष्म (MICRO) विश्लेषण प्रस्तुत हुए किसी ने मानवीय प्रवृत्तियों को आधार बनाया तो किसी ने मानवीय मनोविज्ञान को। यों तो मानव प्रकृति का विश्लेषण यूरोप में बहुत पहले प्रारम्भ हो गया था किन्तु यूनानी दार्शनिकों ने इसके उज्ज्वल पक्ष अर्थात् मानवीयता के गुणों, यानी करुणा, दया, सहानुभूति इत्यादि को उभारा और अन्ततः मनुष्य को एक सामाजिक प्राणी बताया; जो उसकी सामाजिक प्रकृति का परिणाम था क्योंकि इनका मानना था कि मनुष्य मनुष्यों के साथ ही रहना चाहता है। एक-दूसरे के काम आना चाहता है और एक बेहतर समाज ढूढ़ना चाहता है। उसकी इसी प्रवृत्ति का परिणाम है कि गाँव, फिर शहर और अन्ततः राज्य बने। इसी विकास की परम्परा पर आधारित है राज्य के विकास की यूनानी अवधारणा।

यूरोप के ही भू-भाग से मुख्यतः इंग्लैण्ड से दूसरी धारा का जन्म हुआ जिसे थॉमस हॉब्स ने विकसित किया, जिसमें मानवीय प्रकृति का दूसरा पक्ष प्रस्तुत किया गया जिसे स्वयं हॉब्स ने भेड़ियों का समाज कहा, जो चालाकी, मक्कारी, खूँखारपन आदि पर आधारित था। वस्तुतः दोनों एक-एक धारा का प्रतिनिधित्व करते हैं। और भी बेहतर तरीके से समझने के लिए अन्य अनेक सिद्धान्त सामने आए और अब तो मनुष्य स्वयं में एक दुनिया के रूप में प्रस्तुत है। मनोवैज्ञानिक विचारकों ने इसके बृहद रूप को उद्घाटित किया है। बाहरी दुनिया से भी बड़ी दुनिया इंसान के अन्दर की दुनिया।

परिस्थितियों के बदलाव के साथ मानवीय व्यवहार में परिवर्तन आता रहा। परिवर्तन के सूक्ष्म धागों को ढूँढ़ने की कोशिशें भी की गई, परन्तु जो मोटे तौर पर देखा गया वह है आत्मनिर्भरता, यह आत्मनिर्भरता ही मानव–स्वभाव के पूर्ण बदलाव की जड़ है। सही गलत का ज्ञान एवं लम्बी उम्र के कारण व्यक्ति द्वारा बेहतर परिस्थितियों की, जो उसे उपयुक्त लगती हैं खोज स्वाभाविक है। इन चाहतों की भी एक प्राथमिकता सूची है। सबसे पहले जीवन की रक्षा तब अन्य। इसीलिए आत्म केन्द्रित होने की प्रवृत्ति बढ़ जाती है। जहाँ आत्मनिर्भरता नहीं है वहाँ आत्मनिर्भर होने के लिए प्रयास जारी रहता है तथा आत्मनिर्भर होने तक सहयोग प्रवृत्ति की सराहना की जाती है, जब जंगली जानवर और प्राकृतिक विपदाओं से अकेला इंसान लड़ने में सक्षम नहीं था तब उसे अपने अन्य साथियों की आवश्यकता थी। इसी आवश्यकता का परिणाम थी गाँव की परिकल्पना; जहाँ वह आपसी जरूरतें (भोजन आवास एवं मैथुन या अन्य कार्य जैसे भारी सामान उठाना आदि) भी पूरी कर सकता था; यह उसका बेहतर कल की ओर प्रस्थान भी था। जब जीवन सुरक्षित हो गया तो सामने आयी उसकी अन्य दूसरी प्राथमिकताएँ और इस तरह बेहतरी के नए से नए सोपान सामने आते गए।

इस क्रम में एक अवस्था यह आ गयी कि व्यक्तिगत सुरक्षा और आपसी जरूरतों की पूर्ति हथियारों और वैज्ञानिक खोजों (टैक्नोलॉजी, यह फोन, कम्प्यूटर आदि) से हो गयी। अब ऐसे में जब वह आत्म निर्भर हो गया तो उसकी प्रवृत्ति में बदलाव आना स्वाभाविक ही था। इसी का परिणाम हुआ एकाकी रहने की प्रवृत्ति, यानी लाखों के बीच अकेला और अलग प्रस्तुत करने की प्रवृत्ति। इन्हीं प्रवृत्तियों का परिणाम है उसके अन्दर छिपी अहं की प्रवृत्ति का अनपेक्षित विकास और अन्तत: उपनिवेशवाद यानी शोषण के नए तरीके; मानव शोषण और संचय वृत्ति से उपजी पूँजीवाद की व्यवस्था में मशीनीकरण; और 'माल्थस' सिद्धान्त के आधार पर जनसंख्या की वृद्धि से बेरोजगारी और भुखमरी बढ़नी ही थी; और इसी का परिणाम ये कि कानून व्यवस्था का ह्रास, जिसका एक कारण राज्य का (शक्तिशाली के हाथों में एक शोषण की मशीन के रूप में हो जाना) भी था जिसका सुखद परिणाम कमजोरों को बड़ी शक्ति से लड़ने

के लिए एकत्र होना भी है जो अन्ततः एक आन्दोलन का रूप धारण कर लेता है। व्यवस्था जिसमें वंशवाद, भाई भतीजावाद और पक्षपात एवं गलत तरीके अपनाकर सत्ता हथियाने की परम्परा तथा भ्रष्टाचार के कारण कमजोरों को गलत रास्ते अपनाने और अंततः कानून के कमजोर होने से कानून व्यवस्था की स्थिति में गिरावट अपराधों की स्थिति में वृद्धि होने से तथा छद्म युद्ध के तरीकों एवं हथियारों के रहते मनुष्य पुनः पुरानी स्थिति जिसे हॉब्स 'प्राकृतिक अवस्था' कहता है, में पहुँच गया। व्यक्ति को अपनी सुरक्षा का खतरा जंगली जानवरों से भी अधिक मानव रूप में पनपे खूँखार लोग या राज्यों से लगने लगा, जो अपहरण, लूट, हत्या जैसे जघन्य अपराधों में लिप्त हैं। इन्हें अब रात का भी इंतजार नहीं रहा बल्कि दोपहर में ही घटने लगीं तमाम ऐसी घटनाओं ने फिर से इंसान को इंसान के करीब आने को मजबूर कर दिया। कालौनियों में गेट तो लग गए सुरक्षा के लिए लेकिन फिर भी अन्दर से असुरक्षित इंसान यह सोचने लग गया कि अपने पड़ोसियों से सम्बन्ध सुधारने चाहिए क्योंकि कभी बचाओ बचाओ की स्थिति में सबसे पहले पड़ोसी ही आ सकता है मदद के लिए।

दूसरी घटनाएँ जो शहर के सभ्य समाज में नहीं होनी चाहिए थी वे भी घटने लगीं इसी को ध्यान में रखते हुए मानव प्रकृति के बदलाव के दृष्टिगत लिखी गई 'लकड़बग्घे : शहर में'। यह संकलन है मेरी उन रचनाओं का जो मानव समाज में घटित होने वाली तमाम उन स्थितियों की ओर संकेत करती हैं, जो असामान्य हैं, जो समाज में प्रायः नहीं घटती थीं, लकड़बग्घे का स्थान तो जंगल है जो पूर्व में हमारा घर भी रहा है। जंगली एवं भयंकर जानवरों से टक्करें लेकर भी हम अपनी पिण्डी को सुरक्षित रखते हुए यहाँ तक ला सके हैं। यह मानव समाज की बड़ी उपलब्धि है, लेकिन पुनः वैसी स्थिति सामने आने लगे, सर्वाधिक बलवान ही जीवित रहेगा का माहौल समाज में आता दिखे तो साहित्यकार का दायित्व है कि वह इंसान की उन कमजोर और कोमल प्रवृत्तियों वाली संवेदनाओं के तार झंकृत कर दे जो इसे इंसान बनाती हैं और मजबूर करती हैं सोचने को कि आखिर ये बदलाव वाली परिस्थितियाँ क्यों आ रही हैं। और तब इंसान के सामने आता है फिंर से बेहतर समाज बनाने के उपायों का सिलसिला, जिसमें वह अपने स्वयं के निजी तमाम कम महत्त्वपूर्ण

स्वार्थ, राज्य अथवा सत्ता को सौंपने के लिए मजबूर हो जाता है जो उसे अंततः देते हैं जीवन, सम्पत्ति और सामाजिक सुरक्षा और इस प्रकार अवरोध एवं संतुलन की प्रक्रिया निरंतर चलती रहती है। इंसान के अन्दर छिपे मानवीय गुणों का राज उसके अन्दर की पाशविक प्रवृत्तियों पर होने लगता है जिसका परिणाम व्यक्ति से समाज पर भी पड़ता है।

यह प्रभाव व्यवस्था-परिवर्तन के रूप में सामने आता है। चूँकि विनाश के बीज व्यवस्था स्वयं बोती है अतः बदलाव का यह क्रम लगातार चलता रहता है; उम्र से ज्यादा चलने वाली व्यवस्था चलने की बजाय घिसटती है। वह अपना बोझ स्वयं वहन नहीं कर पाती और अनन्तः बैठ जाती है।

परिस्थितियाँ विद्रोह की आग को हवा देने लगती हैं, आग भभकने लगती है अन्ततः सब कुछ जलाकर राख कर देती है। बचाव के लिए व्यवस्था की पड़ताल आवश्यक हो जाती है, ताकि समय रहते उचित प्रबन्ध कर व्यवस्था को टूटने से बचाया जा सके। इसी धर्म का निर्वहन करती हैं 'लकड़बग्घे : शहर में' की कविताएँ। आशा है ये कविताएँ आपके अन्दर बदलाव की छिपी आग को अवश्य भड़काएँगी। परिणामतः एक न्यायपूर्ण बेहतर व्यवस्था सामने आएगी जो इस संग्रह का ध्येय भी है।

अपने ध्येय में कितनी कामयाब होंगी ये कविताएँ यह तो वक्त ही बताएगा। फिलहाल आपके ध्यानाकर्षण की आवश्यकता है। मेरा विश्वास है कि इनमें यदि सही ढंग से आप पैठेंगे तो कहीं-न-कहीं आपको अपना स्वत्व भी मिलेगा और तब आप मेरे साथ पूर्णरूपेण नहीं तो आंशिक रूप से ही सही, साथ अवश्य होंगे।

विक्रम सिंह

73 डी, सैक्टर 27,

नौएडा, गौतमबुद्ध नगर

बदल डाले मैंने न जाने कितने माँझी, मिल न पाया किनारा मेरी पतवार को;
अब तो आए कोई तूफान ही समंदर में मिल जाये कहीं किनारा मेरी पतवार को"

अनुक्रमणिका

संक्रमण

आँधी जब भी आती है
पहले से चल रही हल्की हवा
गुम हो जाती है
परिवर्तन की आँधी; मगर
जब भी आती है,
पहले से चल रही हल्की हवा
तूफान बन जाती है

उखाड़ जाती है; उन पेड़ों को
जो पुराने पड़ गए होते हैं
झाड़ जाती है उन पत्तों को
जो पककर पीले पड़ गए होते हैं
छोड़ जाती है उन्हें,
जो लचीले पड़ गए होते हैं

आँधी का क्रम कभी टूटता नहीं है,
उच्चतम ताप का केन्द्र
जहाँ भी बन जाता है
चक्रवात; वहीं आ जाता है
सम्भावना से अधिक
तबाही मचा जाता है

जो हवाएँ, चलने लगी हैं
आँधी का संकेत, देने लगी हैं,
परिवर्तन से बेखबर,
जो अन्दर पैठे हैं, उन्हें
वापस आ जाना चाहिए
मियाद जिन रूढ़ियों की
पूरी हो गयी हो
उन्हें त्याग देना चाहिए।

नवजात शिशु उवाच

उँआँ उँआँ उँआँ
ये हँसने की नहीं
नवजात शिशु के
रोने की आवाज है

कूड़ेदान के किनारे
फेंके गये
मासूम की माँ से
फरियाद है

मैं घृणा का नहीं
प्यार का परिणाम हूँ माँ!
बिन बुलाया नहीं
बुलाया गया मेहमान हूँ माँ!

आज्ञाकारी हूँ माँ!
तुम्हारी एक आवाज पर
मिटने वाला हूँ माँ!
गले तो लगाओ माँ!

तुम्हारे कुल का दीपक हूँ माँ!
मेरा माथा तो चूमो माँ!
तुम्हारे सपनों का रखवाला हूँ माँ!
प्यार से पुचकारो तो माँ!

कन्हैया हूँ तुम्हारा
मुझे पालो तो माँ!
'श्रवण' भी हूँ तुम्हारा
बड़ा तो होने दो माँ!

शेर के पंजे गिनूँगा
मुझे खेलने तो दो माँ!
मैं 'भारत' हूँ तुम्हारा
'दुष्यन्त' को आने तो दो माँ!

मगर आज
मत छोड़ जाओ मुझे
अकेला ....
इस वीराने में माँ!

भूखा हूँ मैं
दूध पिला दो मुझको माँ!
भीग गया है कच्छा मेरा
जल्दी इसे बदल दो माँ!

विषखाँपर के झुण्ड घूमते
बिच्छू बहुत यहाँ हैं माँ!
काट रहे हैं चीटे मुझको
मार रहे बेमौत यहाँ

मँडराते हैं गिद्ध बहुत से
कौए उन्हें बुलाते माँ!
तुम बिन कौन जगत में मेरा
जिसको आज बुलाते माँ!

झपट रहे हैं कुत्ते काले
डर लगता है मुझको माँ!
आकर मुझे बचा लो माँ
आँचल में मुझे छिपा लो माँ!

थपकी देकर मुझे सुला दो
लोरी एक सुना दो माँ!
आदिम युग की कथा सुना दो
मेरा दोष बता दो माँ!

क्यों रूठी हो मुझसे माँ!
छोड़ा क्यों है मुझको माँ!
क्या कसूर है मेरा माँ!
जिसकी सजा सुनायी माँ!

मेरे लिए भले न आओ
मैं कुरबान तुम्हीं पर माँ!
तुझ पर आँच न आने पाये
चाहे जो हो मुझको माँ!

मैं तो धन्य हुआ हूँ माँ!
तेरे लिए मरा हूँ माँ!
होकर बड़ा यही मैं करता
आज कर रहा जो मैं माँ!

मरना अटल सभी का माँ!
अच्छी मौत मरा हूँ माँ!
कुत्ते बिल्ली की मौत नहीं
माँ के लिए मरा हूँ माँ!

मरकर भी मैं मरा नहीं हूँ
मौन हुआ पर गूँज रहा हूँ
सुलझ न पाया प्रश्न बड़ा हूँ
न्याय माँगता यहाँ पड़ा हूँ।

कृष्ण पक्ष

चिलचिलाती धूप में
चलकर नंगे पाँव
माँगा जिसने पूत को
प्यार लगाकर दाँव

फैलाकर चोली माँगी जिसने
मेरे लिए दुआएँ
अपने ऊपर ले ली उसने
मेरी सभी बलाएँ

तुतली बोली मुझे सिखाकर
खुद क्यों बैठी मौन है
देकर मुझे उजाला अपना
अन्धकार में अब तक बैठी कौन है?

अपनी खुशियाँ मुझे लुटाकर
खुश होती जो रहती है
वह कह-कहकर ये
अक्सर रोती रहती है?

न माँगा है मैने कुछ भी
न माँगूगी खुद की खातिर
नारी नर पर मिटती आयी
कितना भी हो चाहे शातिर

प्यार प्रसाद समझकर मैंने
जुल्म सहे हैं कितने सारे
लम्बी उम्र तुम्हारी माँगी
रातें काटीं गिन गिन तारे

जो कुर्बान रही है तुम पर
उसको ही क्यों लगे मिटाने
जन्म पूर्व ही मार-मार कर
लगातार क्यों लगे घटाने?

नहीं फिकर है मुझको अपनी
न अपने ही नाश की
वंश तुम्हारा जुड़ा हम्हीं से
दिखती घड़ी विनाश की

सोच रही हूँ आओगे जब
भरी दुपहरी धूप से
ठंडा पानी पीने को भी
खींचोगे तुम कूप से

धुआँ किचन का तुम्हें लगेगा
धार पसीना बहा करेगा
आटा गीला हुआ करेगा
हाथ तुम्हारा जला करेगा

मिर्चों की भस तुम्हीं सहोगे
जूठे बर्तन तुम्हीं मलोगे
झाड़ू पोंछा तुम्हीं करोगे
अपनी करनी तुम्हीं भरोगे

होश तुम्हें भी आएगा
देर बहुत हो जाएगी
घड़ी सुधरने की भी
निकल हाथ से जाएगी।

मानव महात्म्य

जन्में जरूर हैं स्वतन्त्र,
जंजीरों में जकड़े हैं हम
अपने लिए नहीं हैं लगता
रूढ़ियों के लिए हैं हम

बनाया जिन्हें सुविधा के लिए
उन्हीं के भार में दबे हुए हैं
समयातीत हो चुके हैं जो
उन्हें भी हम पकड़े हुए हैं

अन्तर्विरोधों का लबादा
बहुत बढ़ गया है
चिनगारियों के काफी
करीब आ गया है

जगत् और जीव
मिथ्या नहीं हैं
मिथ्या है इन्हें
मिथ्या बताना

'मिथक' भी मिथ्या नहीं
सत्याधारित होने चाहिए
तत्व चिन्तन में अब
श्रद्धा नहीं; मेधा चाहिए

मानवीय उद्धार के लिए
समर्पण नहीं, सामर्थ्य चाहिए
दैव महात्म्य नहीं,
मानव महात्म्य चाहिए

उत्थान में व्यवधान
हों जो जंजीरें
उन्हें अब तो
तोड़ देना चाहिए

नए युग में नई सोच का
विस्तार होना चाहिए
इंसान को ही अब
भगवान होना चाहिए।

नीलगाय

नगर नीलगायों से
घिरने लगे हैं
कुत्ते जबसे उनसे
मिलने लगे हैं

'जबरू' और 'हल्कू' के
किस्से पुराने होने लगे हैं
नीलगायों के अंगरक्षक
कुत्ते ही बनने लगे हैं

नीलगाय कुत्तों से मिलकर
निश्चित रहने लगे हैं
बदलाव के परिवेश से
बेखबर होने लगे हैं

किसान कुत्तों के कारनामों से
खबरदार होने लगे हैं
कभी 'नाल'[1] और कभी
बन्दूकें दागने लगे हैं।

1. नाल–बारूद और गन्धक के मिश्रण से तेज आवाज करने का यन्त्र

फसलों से निगाह अब
नीलगायों को हटा लेनी चाहिए
खून खराबे की वारदात
अब नहीं घटनी चाहिए।

अपराध-बोध

प्यार में, कहते हैं,
पत्थर भी, आहें भरने लगता है,
चाँदनी रात की तन्हाई में
मशाल-सा जलने लगता है

हो अगर पूनम की दूधिया रात,
संगमरमर की इमारत
'शमा' बन जाती है
चन्द्रमा की चंचल किरणें
'चमकी'[1] के चिलंगों में
परवानों-सी जलने, लग जाती हैं

और इस तरह
मुहब्बत का रंग,
और भी साफ हो जाता है
पत्थर का बना ताज
जजवातों का महल बन जाता है

1. शरद पूर्णिमा की रात में ताजमहल पर पड़ने वाली चन्द्रमा की परावर्तित होती किरणें।

भले ही बेखबर हो
वह इतिहास की करवटों से
पर अपने अन्दर छिपे
जख्मों से खबरदार हो जाता है
अपराध-बोध से पीला पड़ जाता है

दिला जाता है याद
उन फड़कते हाथों की
किया था गुनाह
जिन्होंने इसे तराशने का।

अफीम

बेखबर हैं हम
अपनी ही मुश्किलों से,
खायी है हमने अफीम,
अन्धविश्वासों की इतनी
जागते भी सो रहे हैं अब तक

ढूँढ रहे हैं हम
मानवीय समस्याओं के दैवीय हल
नहीं मालूम है हमें
लौकिक समस्याओं के हल
लौकिक ही होते हैं

बुलबुला

हमने परलोक सुधारने में
सदियाँ सैकड़ों गुजार दीं
बुलबुला पानी का मान
भूलोक की बातें बिसार दीं

तुमने तो कहा था मुझसे
क्षण में ही नष्ट हो जायेगा
पानी–पानी में मिल जायेगा
संसार–संसार में समा जायेगा

भटका हुआ मानव
गन्तव्य पा जायेगा
जीवन मरण से
मुक्ति पा जायेगा

ये बुलबुला मगर
फूटने वाला नहीं
बहक लिया जो
बहकने वाला नहीं

जगत् मिथ्या नहीं है
जीवन सच यही है
मिथ्या है मिथ्या मानना
नवदर्शन, कहता यही है

जिसका जगत् सुधर जायेगा
उसका परलोक स्वतः सुधर जायेगा
स्वर्ग यहीं उतर आयेगा
इंसान ही देवता हो जायेगा

शाश्वत हैं जीवन जगत्
साफ हो जाना चाहिए
परलोक की बजाय अब
भूलोक पर आ जाना चाहिए।

सहअस्तित्व

शेर मिमियाने लगे हैं
मेमने दहाड़ने लगे हैं
लगता है; दिन, आखिर,
बदलाव के, आने लगे हैं

छोड़ दिया है मेमनों ने
स्वेच्छा से, शिकार बनना
कटने लगे हैं, जंगल,
खत्म होता साम्राज्य

चालाक लोमड़ियों को
आ गयी है समझ,
शेर को; कुएँ में
धकेलने की,
कमजोरों को, ताकतवर से
लड़ने की

शेरों को भी अब
हवा का रुख
समझ लेना चाहिए
'सहअस्तित्व' में विश्वास
कर ही लेना चाहिए

टॉवर

छोटे न थे कद में कभी
बौने मगर हम हो गए,
जिनके सगे थे हम कभी
उनके पराए हो गये

लटकने लगी है धूप भी
अब टॉवरों में
पक्षपाती सूर्य जैसे हो गया
घर में हमारे
दोपहर को ही अँधेरा हो गया

भर न पायी एक भी गगरी हमारी;
टॉवरों की टंकियाँ सब भर गयीं
बिजली गयी उनके घरों की
ध्वनि धूम की सब बिजलियाँ
मेरे घरों पर गिर गयीं

बेचैन थे हम मच्छरों से
धूम से अब घिर गए
किसको खबर
हम सो रहे
या घुट गए।

न्याय

नहीं है फितरत हमारी कि
इतिहास से ही सीख जायें
ठोकर लगे, इसके पहले ही
संभल जायें

माँज लें, मान्यताएँ अपनी
जो मैली हो गयीं
खोल दें खिड़कियाँ
बदल दें जालियाँ
जो पुरानी हो गयीं

श्रेष्ठता के लिए जन्म नहीं
कौशल जरूरी है,
'एकलव्य' की पहचान
ऐतिहासिक मजबूरी है

जन्म तो 'कर्ण' का भी
कुमारों के समान ही हुआ था
पढ़ने पर कुमारों के साथ
मगर हंगामा हुआ था

शान्त हो गए थे न्यायशास्त्र
वर्ण–व्यवस्था के सामने
"शक्तिशाली का हित सर्वोपरि है"[1]
सिद्धान्त को ही लगे थे साधने।

हम 'जन्म' और 'श्वेत श्रेष्ठता'[2]
सिद्धान्त नहीं साध सकते
'वर्ण'[3] के लिए न्याय की
बलि नहीं दे सकते

मानव प्रतिष्ठा के लिए
'न्याय' जरूरी है
'न्याय' के लिए 'न्याय' को
निरपेक्ष होना जरूरी है।

---

1. यूनानी दार्शनिक थ्रेसीमेकस का सिद्धान्त
2. अंग्रेजों का सिद्धान्त **Whiteman's Burden**
3. वर्ण दो अर्थों में एक रंगभेद और दूसरा वर्ण–व्यवस्था;

नन्हें हाथ

अपने बच्चों को
गिफ्ट में दे देना
बाबू जी!
आवाज के साथ
गुड्डे-गुड़िया का,
जोड़ा लिए

आश्रम चौराहे पर
बेच रही थी वह
अपने बचपन की
प्रिय चीजें
चंद पैसों के लिए

चमकीले परिधानों से
सजे ये खिलौने
उधेड़ने लगे
बचपन की परतें
भूल गया मैं सब कुछ
कुछ देर के लिए

खाँसी का झोंका
आँधी-सा आया
बेदम होती बच्ची को
फुटपाथ पर बैठाया

पीछे की गाड़ियाँ
पों-पों करने लगीं
चौराहे की बत्ती
हरी हो गयी

हरे हो गये
अनगिनत घाव
जो मेरी संवेदनाओं
पर अंकित थे

रुका हुआ मैं
चौराहा पार कर गया
रास्ता साफ मिल गया
रफ्तार बढ़ गयी
धीरे-धीरे भूल गया

कल फिर गुजरा
जब उसी चौराहे से
ढूँढने लगा मन
उसी नन्हें हाथ को

हाथ नन्हाँ ही आया
मगर चेहरा दूसरा था
बड़ी बच्ची की गोद में
छोटे बच्चे का हाथ

बत्ती हरी हो गयी
हम फिर से
पार कर गए
चौराहा

अटक गयी मेरी
संवेदनाएँ
उसी चौराहे पर;
करने लगी बातें
उन्हीं नन्हें-नन्हें
हाथों से

हर हाथ
एक मशाल
लिए था
माँ-बाप के
विरुद्ध खड़ा था

सिसक सिसक कर
मानो कह रहा था
हमारा गुनाह बता दीजिए
जो चाहें सजा दीजिए

नहीं किया था आवेदन
तुम्हारी दुनियाँ में आने को
बुलाकर माँ-बाप ने छोड़ा हमें
दरदर की ठोकरें खाने को

उनके दोष की
सजा उन्हें मिले
या न मिले
हमें नहीं मिलनी चाहिए

जीवन का अधिकार
अगर हमें है तो
बचपन का भी
होना चाहिए

माँ-बाप और
राष्ट्र के रहते
बच्चों का ये हाल
नहीं होना चाहिए

राष्ट्र भक्ति के लिए
राष्ट्र को भी,
नागरिक भक्त
होना चाहिए

न्याय से वंचितों
को भी अब
न्याय दिलाया
जाना चाहिए

जरूरत में काम
परिवार, मित्र,
रिश्तों से पहले
राष्ट्र को आना चाहिए

नियति

नीले, निस्तब्ध आसमान में
अब जो सूरज निकलेगा
अगली सहस्राब्दी तक
ताजी आशाएँ जगाएगा

मजबूर कर जायेगा, हमें,
विहंगम के लिए;
पूरी सहस्राब्दी, एक बार
फिर से, जीने के लिए

चले थे, कहाँ से
पहुँचे हैं कहाँ
और भी अभी
पहुँचना है कहाँ?

रथ में राजा
बैलगाड़ी में बारातें,
घूँघट में दुल्हन
सावन में मल्हारें

सियासत में रियासत
जातियों में लोग
अन्धविश्वासों में धर्म
कर्ज में किसान

व्यवस्था की नियति
नहीं देख पायी
तुर्कों की तलवारें,
नहीं सुन पायी
तलवारों की टंकारें

वरना बन्द कर देती (व्यवस्था)
जातिगत वीरता की बातें
जोड़ लेती 'तराइन'[1] के पास
'लावनी'[2] गाते किसानों को

जोड़ लेती सुरक्षा सीमा में
उत्पादन में उलझे वीर भी
बना लेती रणनीति
'सामूहिक सुरक्षा' की भी

---

1. तराइन–वह मैदान जहाँ तुर्क सुल्तान मुहम्मद गोरी से प्रथम युद्ध हुआ था।
2. लावनी–उत्तर भारत का एक लोकगीत।

बता देती–

व्यक्तिगत वीरता से अधिक
टीम भावना जरूरी है
समृद्धि और सुरक्षा के लिए
कारीगर, किसान, मजदूर, मछुआरे
और चरवाहे भी जरूरी हैं

सुना देती–

कश्मीर के चरवाहों
प्रायद्वीप के मछुआरों के
बलिदानों की कहानियाँ
पन्ना धाय जैसी
वीरांगनाओं की बलिदानियाँ

कह देती–

सिविल कपड़ों वाला भारतीय;
सेना का सिपाही है;
वर्दी में खड़ा सिपाही
उन्हीं का भाई है तो;

शायद नहीं घट पातीं
'तराइन' और 'प्लासी'[1] की घटनाएँ
'बंग-भंग' और 'जलियाँवाले बाग'
की ऐतिहासिक घटनाएँ

---

1. प्लासी–वह मैदान जहाँ अँग्रेजी सेना से प्रथम युद्ध हुआ था।

सहस्राब्दी भर बिखराव का
मूल्य; इस तरह हम चुकाते रहे
कभी तुर्कों, कभी मुगलों,
कभी अँग्रेजों से मात खाते रहे

खैर! जब जागे तब सबेरा
दुहराने न पाए इतिहास
प्रयास होना चाहिए
भारत को शक्ति दे सके जो
वही समाज गढ़ा जाना चाहिए

एकता और अखण्डता मजबूत हो जिससे
वही गीत गाया जाना चाहिए
तोड़ डाले भारत को वह गीत
अब तो छोड़ देना चाहिए।

फॉगलाइट

कड़कड़ाती ठण्ड में यदि,
हो जाये हिमपात
लगे ठिठुरने चाँदनी
ड्योढ़ी हो जाय रात

भेड़चाल में
चालक चलते
इक दूजे के
पीछे लगते

कोहरे-सी कॉमन
विपदा आए
मिलकर चलना
हमें सिखाए

भेड़चाल में खतरे
लेकिन हो जाते ग़म्भीर
टकराए यदि एक भी
प्रभाव पड़े जंजीर

सुनै न कोई
राहत की
आहत आवाजें
केबिन की

थाने की रूखी पूछताछ
कोर्ट कचहरी कौन फँसे
फॉगलाइटें ऑन किए
सर्र-सर्र सब निकल गए

ठिठुर रहे कुछ
सड़क किनारे
दौड़ दौड़कर
आए बिचारे

इसे निकाला
उसे निकाला
कम्बल लिया
लिहाफ उड़ाया

'करुणा' घायल
'दया' दुःखी है
देखि, सड़क के हाल
लम्बा सफर

शेष है अब भी
सोचि-सोचि बेहाल

कोहरे की,
कोई बात नहीं
ये बात व्यवस्था से
जुड़ जाती
करुणा, कैसे है
सूखि गयी
ये बार-बार
सबको बतलाती।

संकल्प

हमने तुमको सड़कें दे दीं
और दिए आकाशी टॉवर
होकर यद्यपि शोषित हरदम
करते तुम पर प्राण निछावर

पुरखों ने कर कठिन कमाई
तुम्हें खिलायी खूब मलाई
फिर भी तुमने धता बतायी
शर्म न तुमको थोड़ी आयी

पाकर हमसे तुम सम्मान
क्यों देते हमको अपमान?
जाने कैसे बने महान
मेरे मालिक ओ बलवान

मिथ्या तुमने सत्य बताया
सत्य समझ से बाहर पाया
खुद भी तुमने न अपनाया
फिर क्यों मुझको मूर्ख बनाया

स्वर्ग नरक की बातें करके
मनमानी तुम करते आए
बेहतर कल की बातें सुनकर
बेमानी हम सहते आए

स्वर्गलोक अब तुम्हें मुबारक
मृत्युलोक ही हम वर लेंगे
न्याय दिलाकर इसमें सबको
स्वर्ग यहीं पर ला देंगे।

आस्था

जीवन, जहर हो सकता है
पीना मगर मजबूरी है
अमृत उससे ही बनाने की
कला सीख लेना जरूरी है

जीवित हैं वह, जो
मरकर भी जी लेते हैं,
जीवट हैं कितने जो
कचरों में जीवन ढूँढ लेते हैं

रद्दी समझ हम
जिन्हें फेंक देते हैं
उपयोगी उन्हें ही बनाकर
वह हमें बेच देते हैं

जीवन में गहरी
आस्था है जिन्हें
हर हाल में जीना
आता है उन्हें

जूझते जरूर हैं
मुँह नहीं छिपाते हैं
परजीवी नहीं;
उपयोगी बनना सिखाते हैं।

वंशबेलि

नहीं छोड़ सकते
'स्वायत्तता' नैतिकता हवाले
कहें; कहते रहें
जो भी कहने वाले

भेदभाव के बिना
शिक्षा और ज्ञान
सहअस्तित्व के साथ
विकास और विज्ञान

शान्ति की इबादत
अस्मिता की हिफाजत
शोषण से बगावत
सब्र की तिजारत

रखने हैं, हित
ध्यान में तुम्हारे
पूजा के पाठ
यही हैं हमारे

अणुबम के रहते
शान्ति; मजबूरी है
इंसान की सोच
बदलना जरूरी है

सुरक्षित रहे वंशबेलि
हमेशा ही हमारी
सबसे बड़ी है यही
हमारी, तुम्हारी, जिम्मेदारी।

रैली

प्रश्न हमेशा ही हमने
मार्मिक से मार्मिक उठाए हैं
रैली में हमारी, देखा;
लोग सबसे ज्यादा आए हैं,

रहा था इतना ही ध्येय हमारा
जान जाएँ लोग
अपनी ही मुश्किलों को
तोड़ डालें वे
स्वेच्छा या लाचारी से
पहनी अपनी जंजीरों को

नहीं मालूम था मुझे, विभाजन;
मँहगाई, भुखमरी और बेरोजगारी
शिक्षा, समता या भागेदारी जैसे
मूलमन्त्रों पर भी

अभिभूत थे हम
लोगों ने खूब सराहा
क्या मालूम मुझे?
प्रलोभन बगैर कोई नहीं आया

समझता था मैं
जो आए हैं
वह सब समस्या के
सताए हैं

वह भी साथ हमारे हैं
जो रैली में नहीं आए हैं
सोचता था कि
मुश्किलों के दल नहीं होते

हार चुके हैं सारे दल
अकेले-अकेले लड़कर
इसलिए अब एक हो जाना चाहिए
मानवीय समस्याओं से जीतकर ही
जनता के बीच वापस आना चाहिए

हर रोज एक ही समस्या पर
वक्त और पैसा बर्बाद नहीं किया जाना चाहिए
मुश्किलों के दल नहीं होते ये
सबको जान लेना चाहिए।

जड़ें[1]

भूल रहा हूँ पढ़कर सब कुछ
हुई उमर है पचपन की
याद मगर हैं सारी बातें
मुझको अपने बचपन की

बीत गया है युग इक पूरा
सुनी न लोरी अम्मा की
परी कहानी याद हमें हैं
इक-इक दादी अम्मा की

छूमन्तर हो गया चैन सुख
हम सम्पन्न हुए हैं जबसे,
अभाव भरे थे यद्यपि वे दिन
आते याद न जाने कब से

भूल चुका हूँ गाकर अब तक
न जाने मैं कितने गीत
याद मगर है, जसतस अब भी
मुझको प्यारा 'राष्ट्रीय-गीत'

1. जड़ें–जुड़ना

देखे जाने कितने मौसम
भूल गया हूँ उनकी यादें
याद मगर हैं मुझको अब भी
सावन की प्यारी मल्हारें

'पद्माकर' को भूल न पाया
न बसन्त का उनका वर्णन
भूला नहीं बिहारी को मैं
न नख सिख वह उनका वर्णन

यद्यपि हुई तबाही थी
बाढ़ हमें है अब भी याद
कागज की नाव चलायी थी
करि दादा से फरियाद

नानी ने नजर उतारी थी
जब सिसकी भर भर रोए थे
दुःस्वप्न अभी भी याद मुझे
नाना ओझा बुलवाए थे;

काकी की मौत याद है अब तक
न रोए थे मरने पर भी
मुझको मगर रुला जाती हैं
अब तो उनकी यादें भी;

जीते जी मैं पहुँच न पाऊँ
भले वतन के गाँव में
मरकर मगर ललक है अब भी
पहुँचूँ अपने गाँव में।

लेज़र

लेज़र लेखा, लाभ–हानि
हैं मूल–मंत्र हो चले हमारे
बदल गयी है सोच हमारी
बदल गए अन्दाज हमारे

अर्थशास्त्र ही धरमशास्त्र है
अंकशास्त्र ही पावन धाम
अंकों से ही आंक रहा है
सब कुछ अब इंसान

जोड़–घटाना यद्यपि आता
दक्ष नहीं लेकिन हो पाए
उलझ गए हैं इसमें ऐसे
सुलझ न अब तक पाए

गणित बहुत है आगे पहुँचा
पीछे पद्य घिसटती आए
मस्तिष्क महज ही आगे जाए
मन पीछे लेकिन रह जाए

हाड़ माँस के पुतले हैं हम
दिल अन्दर है धड़क रहा
हम हैं जीवित तब तक जब तक
ये अन्दर है फड़क रहा

पीछे जो है घिसट रहा
उसे बराबर लाना है
समीकरण दोनों के अन्दर
हमको ही बैठाना है।

आँचल

कर न पाए
बाल भी बाँका
हजारों बार के
तूफान जिसका;

भूमि भारत
की रही;
या रहा
इतिहास इसका

इक बवण्डर में
मगर था
रोम-रोम
हिल गया;

पड़ गयीं
कितनी दरारें
धड़ गठीला
हो गया

कोशिशों के
बाद भी
मन मटीला
रह गया;

निःशब्द थी
माँ देखकर
बँटता हुआ
आँचल

बँट गयी
देहरी हमारी
रो गयी,
किस्मत बेचारी

हँस रहे थे
पंच सारे
मात पर
मेरी करारी

चैस की चालें
नहीं थे सीख पाए
इसलिए ही
कठपुतलियों सा नचाने

कुछ मदारी
आ गए
चाल में फँसकर
बुरी हम मात खाए

है शत्रुता
उनसे नहीं
हैं खून के
रिश्ते हमारे;

उनको नहीं
मालूम इरादे
जो रहे
अब तक हमारे;

तुम कहो
या न कहो
कह गए
पुरखे हमारे;

हम तुम्हारे
तुम हमारे
कॉमन सभी
नाते हमारे।

सरसों के फूल

इक आस जगी
जब डाल लदी
सरसों के पीले फूलों से,
मन बोल उठा
तन डोल उठा
सावन से गीले झूलों से;

प्राची लाली से लाल भई
दसों दिशाएँ गूँज गईं
कोयल के सुरीले गानों से,
धरती है कैसी सजी हुई
पीले-पीले परिधानों से;

पत्ते खड़के
भौंरे भड़के
कूलों और कछारों से
नत नयन उठे
तन करके कड़क कटारों से

इक भोर भई
कुछ शोर हुई
पतझड़ की कटीली डारों से
हिल उठी धरा है जोरों से
सदियों से सोये सियारों से

जो छोर रही
उस ओर बही
बचकरके बयार बहारों से
जिस ओर नहीं
उस ओर कहीं
उड़ती है धूल पठारों से

श्रमेव जयते

पवित्रता पसीने की
सुनते सदियाँ बीत गयीं
पसीना बहाते हमारी
पीढ़ियाँ बीत गयीं

गन्ध पसीने की मगर
धूपबत्ती की नहीं बन पायी
कथनी और करनी
एक नहीं हो पायी

पूजा परजीवियों की
नहीं होनी चाहिए
महक श्वेद-बिन्दुओं की
इत्र बन जानी चाहिए

सम्मान श्रम का
यदि बढ़ जायेगा
शोषण खुद ही
कम हो जायेगा

श्रमहीन कोमल करतल
पंजे बाज के बन जायेंगे
हाथ मिलाने में भी
उनसे लोग सरमायेंगे

अपमान में मुरझाए चेहरे
श्रमदेवों के खिल जायेंगे
अनगिनत पन्ने प्रगति के
इतिहास में जुड़ जायेंगे

सिद्धान्त 'श्रमेव जयते' का
अगर नहीं अपनाएँगे
लोग सड़कों पर आ जायेंगे
उपकरण हथियार बन जायेंगे

दीपक तले अँधेरा

सिर पर उठाए नूर की
सौगात हमको दे रहे,
खुद ही अंधेरे में
मगर, वह रह रहे

जिनकी रही रोशन सकल
उन पर उजाला चढ़ गया,
थी जिन्हें उसकी जरूरत
छोड़कर उनको, उजाला बढ़ गया

उजाला भी उजाले पर गया
ये वाद कैसा है नया
पैबन्द जिन पर थे लगे
उन कमीजों को उजागर कर गया

हो गया हमदर्द,
उनका ही अंधेरा
हँस रहा
जिन पर सबेरा।

शान्तिदूत

डरते नहीं हैं अब
शान्तिदूत कपोत
जिबह होने से
कटवाँए हैं इतनी बार
प्रेम के लिए पर

निःस्तब्ध बैठे हैं
यद्यपि वे सारे
गोश्त की दुकान पर
बलि के लिए

मगन हैं मगर
ढूँढ़ने में आज
एक अदद
चूहे-सा दोस्त

काट सके जो
कबूतरों का जाल
हल कर सके
ये मौन सवाल

हाथ पर हाथ
धरे बैठे रहने से
होगा भी क्या
कत्ल के सिवा।

दुःस्वप्न

कुछ रोज से हमें
न जाने क्यों
प्रलय के स्वप्न
आने लगे हैं,
बच्चे!
न जाने क्यों
खतरनाक खिलौनों से
खेलने लगे हैं,

टैंक तोप और मिसाइलों के खेल
बच्चों को पसन्द आने लगे हैं,
गुल्ली डंडा और घरौंदों के खेल
न जाने कहाँ गुम होने लगे हैं

घरौंदे के खेल भी
अब खेलने लायक नहीं रहे
मिट्टी में लोग
बारूद मिलाने लगे हैं

कुछ खेल बच्चों में
साथ-साथ खेलने की आदत
मिटाने लगे हैं
सहअस्तित्व की सम्भावनाएँ
खत्म करने लगे हैं

बन गए हैं आग्नेयास्त्र
प्रतिष्ठा के प्रतीक
और बारूद के व्यवसाय
फलने लगे हैं

डरते नहीं हैं लोग अब
पुलिस और कानून से
घायल को भी बचाने से
लोग बचने लगे हैं

हो गये हैं आम
अब आणविक विस्फोट
कॉमन हैं कितने
हिंसा और तनाव
गौतम, गाँधी को लोग
अब भूलने लगे हैं।

वफ़ा

आजादी के दौर में,
इक आया था तूफान
तिनका-तिनका कर गया
आशियाँ, शैतान;

कुनबा बिखरा, किस्मत फूटी,
गया कबूतर काम से
जहाँ रहें वे, सुखी रहें
ये विनती है, भगवान से;

किस्मत कैसी चूजों की, जो
पाए पनाह पड़ोस में
इक दूजे का ज्ञान नहीं था
सूखे इस अफसोस में;

छत पर मिलते
चोंच लड़ाते
गुटरूँ गूँ में
बातें करते;

फैलाकर वे पंख हिलाते
मिलना जैसे दोनों चाहते
झटके से मालिक आ जाते
दूर कहीं पिंजड़े ले जाते;

मित्र नहीं हैं पोषक उनके
इसका उनको भान नहीं
पिंजड़ों में है कैद प्यार
सरहद का जैसे काम नहीं;

वफ़ा बहुत मालिक से उनकी
पाला जिसने प्यार से
वफ़ा न टूटे, तन-मन टूटे
रिश्ता भले दयार से

मालिक दोनों की अनबन में
लहूलुहान कबूतर होते
अपनी वफ़ा बचाने के हित
खून-खून को आतुर होते;

जान भले ही जाए उनकी
नमक हराम न होना चाहते
सैनिक सरहद की गश्ती में
उनका ये दर्द बताना चाहते।

अपर्दन

अपर्दन से बेखबर भले ही हों हम
भूकम्पी झटकों की खबर होने लगी है
कभी भी गिर सकते हैं औंधे मुँह हम
पैरों तले की जमीन खिसकने लगी है

गिरने से अच्छा है
मजबूत जगह पर खड़े हो जाएँ
सही गलत की परख
नए मानदण्डों पर कराएँ

टूट सकती हैं शाखें
जो पुरानी हो गयी हैं
हटा देना चाहिए लबादा
पत्तियाँ जो पीली हो गयी हैं

नयी कोपलें ही बागों में
बहार लायेंगी
कोयलें भी तभी
मौसम के गीत गाएँगी

नूतन विचार पुष्पों का मकरन्द
बुद्धिजीवी-भौंरे जब छितराएंगे
परजीवी पुरानी सोच से बने जो
ठीक होकर उपयोगी बन जायेंगे

पुनर्जागरण के बिना
पुनर्निर्माण सम्भव नहीं है,
कलमगारों को जान लेना चाहिए
बेहतर कल के लिए अब
पूर्वग्रह मुक्त हो जाना चाहिए

समाज में समरसता के लिए
संस्कारों की बजाय साधनों पर आ जाना चाहिए।
साधनों से संस्कार अपने आप बन जाते हैं
गुरु गुड़ और चेला शक्कर बन जाते हैं।

ज़मीर

हाथ मिलाकर लगे लाँघने,
क्या यही जमीर तुम्हारा है,
बार–बार क्या तुम्हें बताएँ
ये कश्मीर हमारा है;

ना पाक इरादे छोड़ो तुम
रणधीर अधीर हमारा है;
सिर्फ नहीं ये भाल हमारा
यही शरीर हमारा है;

महक रहा ये खुशबू से
फूलों का बाग हमारा है,
फूलों में शूल छिपे बैठे
ऐसा शहतीर हमारा है;

कीड़े भी कारीगर इसके
पानी में महल सिकारा है,
युद्धपोत इसको ही बनाना
छोटा खेल हमारा है,

सेवों के खेत बहुत सारे,
इसका हर सीन निराला है;
बम का गोला जो बन जाए
ऐसा हर सेव हमारा है;

रज में रक्त मिला है इसकी
यही अबीर हमारा है
इसको बारूद बनाने में
पारंगत हाथ हमारा है

चरवाहा भी तो प्रहरी है
हर बच्चा वीर हमारा है,
'नागिन' 'पृथ्वी'[1] की बातें छोड़ो
'ऐटम' तीर हमारा है

सदियों से साथ रहे हैं सारे
ऐसा भाईचारा है
जिसको तुम अपना मान रहे हो
वही हमीद हमारा है

कितने ही मौके आए ऐसे
दिया जबाव करारा है
भूल न फिर से कर देना
अन्तिम संकेत हमारा है

---

1. 'नागिन' व 'पृथ्वी' भारत की अचूक मिसाइलें हैं।

मीत बनाकर नहीं मिटाते
यही ज़मीर हमारा है
लेकिन मजबूर न कर देना
कहता हर वीर हमारा है।

आत्म निर्वासन

निर्माण नगर का करके हमने
खुद को ही खो डाला है,
ढूँढ़ें चाहे जितना भी
कुछ हाथ न आने वाला है

खोया जो व्यक्तित्व हमारा
कौन खोजने वाला है,
चिल्लाएँ चाहे जितना भी
अब; कुछ न होने वाला है

बाजारों का राज यहाँ है
सब कुछ बिकने वाला है,
पॉकिट है जिसकी भरी हुई
सब उसको मिलने वाला है

हुई मशीन नियामक मेरी
भाग्य बदलने वाला है
हाड़ माँस का पुतला भी
अब पुरजा बनने वाला है

भावों की बातें कौन करे
पानी ही मरने वाला है
हम भी थे इंसान यहाँ
ये कौन बताने वाला है

करूणा का सागर सूख रहा
बस अम्ल बरसने वाला है
बचा हुआ अस्तित्व हमारा,
निर्वासित होने वाला है।

अल्ट्रासाउण्ड

कोशिशों के बाद भी
समझ नहीं पाता हूँ
करना नहीं चाहता जो,
वही क्यों कर जाता हूँ?

कामयाब आखिर,
एक दिन हो जाता हूँ
मन के भीतर की
दुनियाँ में घुस जाता हूँ;

मन का स्क्रीन धीरे-धीरे
अल्ट्रासाउण्ड का हो जाता है,
निरपेक्षता का माउस
भीतर के चित्र खींच लाता है

एक चित्र में अधेड़
बेटी के बराबर वाली
कोमलांगा सुन्दरी से,
रस भरी बातें करता है,

दूसरे में एक युवक
माँ के बराबर वाली
युवती-सी दिखती
प्रौढ़ा से आलिंगन करता है

तीसरे में, कोई एम.टी.वी.
और देर रात की
फिल्में देखने में
रातें काली करता है

आर्ट मूवीज में जो
जम्हाई लेने लगता है
उपदेश वाली फिल्मों में
शुरू से ही ऊँघने लगता है

धुँधला दिखने वाला वह चेहरा
धीरे-धीरे साफ दिखने लगता है,
स्क्रीन पर आता चेहरा
अपने से मिलने लगता है

बच्चे के जाग जाने पर
व्यवधान आ जाता है,
'रुकावट के लिए खेद'
अंकित हो जाता है

चेतन मन की दुनियाँ से बेखबर
अवचेतन मन खबरदार हो जाता है
स्क्रीन पर पर्दा गिर जाता है
शालीनता का मुलम्मा चढ़ जाता है

अपना सा लगने वाला चेहरा
चेहरों में खो जाता है
असली और नकली चेहरों का
द्वन्द्व आम हो जाता है।

घण्टी

शोषण और अत्याचार के खेल
सबकी समझ में आने लगे हैं
विद्रोह के बीज भी इसीलिए
अंकुरित होकर पनपने लगे हैं

चमत्कार चूहों में भी हो गया
बिल्ली का विरोध करने लगे हैं
बाँधकर घण्टी गले में उसके
निजात के उपाय ढूँढ़ने लगे हैं

एक न एक दिन, कोई न कोई
घण्टी भी बाँध ही देगा
चूहों की तरफ बढ़ने से रोक ही देगा और
कभी न कभी काम तमाम भी कर ही देगा

समझदार बिल्लियों को
चैतन्य हो जाना चाहिए
विद्रोह की चिनगारी को
समझ ही लेना चाहिए

मूँसों के बिलों से बिल्लियों को
नजर हटा लेनी चाहिए
घरों में पालतू बनकर
प्यार का दूध पीना सीख लेना चाहिए

चूहों की चेतावनी अगर
बिल्लियाँ नहीं समझ पायीं
अपनी आदतों में अगर
सुधार नहीं कर पायीं

चूहे, कुत्तों से
मिल जायेंगे
बिल्लियों को तब
नाकों चने चबवायेंगे।

लकड़बग्घे : शहर में

अच्छा हुआ कि हम
वक्त से सुधर गए
पड़ोसियों से परिचित
होते-होते रह गए;

हमें क्या मालूम
सामाजिक होना तो
पुराने जमाने की बात है
और हम नए जमाने के हैं

हमें तो लाखों के बीच
अकेले रहने की आदत डालनी है
अब 'अरस्तू'[1] की नहीं
'सार्त्र'[2] की बात करनी है

अरस्तू' ने तो देखे थे गाँव;
नहीं मालूम था उन्हें कि,
ये शहर बन जायेंगे,
सहयोग की बजाय
षड्यन्त्र में फँस जायेंगे

---

1. अरस्तू–आदि दार्शनिक, अरस्तू का मानना है कि मनुष्य स्वभाव से सामाजिक प्राणी है।
2. सार्त्र–जॉन पॉल सार्त्र एक अस्तित्ववादी विचारक हैं जो आधुनिक मानव को लाखों की भीड़ में अकेला मानता है।

अपने हस्त कौशल से
अभिभूत होने की बजाय
विशालकाय मशीन में
ढ़िबरी बनकर कुण्ठित हो जायेंगे;

सामाजिक नहीं,
असामाजिक हो जायेंगे
रचनात्मक नहीं
विध्वंसक हो जायेंगे

लगता है लकड़बग्घे
सब कुछ जान जायेंगे
जंगल की बजाय
शहर में ही,
रहने लग जायेंगे

कालचक्र एक बार
फिर शून्य पर आ जायेगा
इंसान का मुकद्दर
इतिहास बन जायेगा।

●●●